LA JOYEUSE COMÉDIE,

Musée Comique,

FOLIES, BIGARRURES ET FANTAISIES ARTISTIQUES.

Illustrations de Victor Adam, Granville, Gavarni.

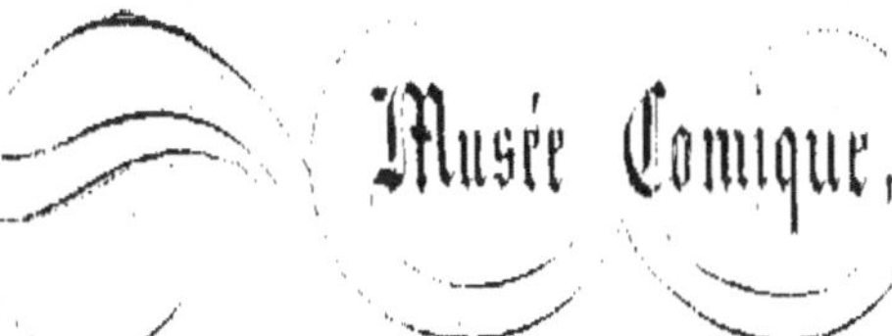

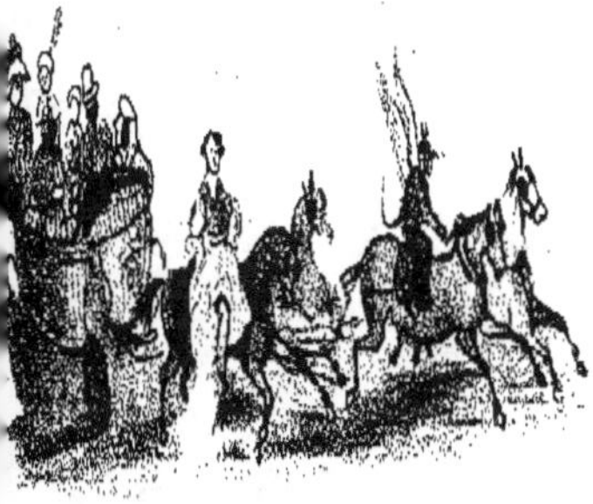

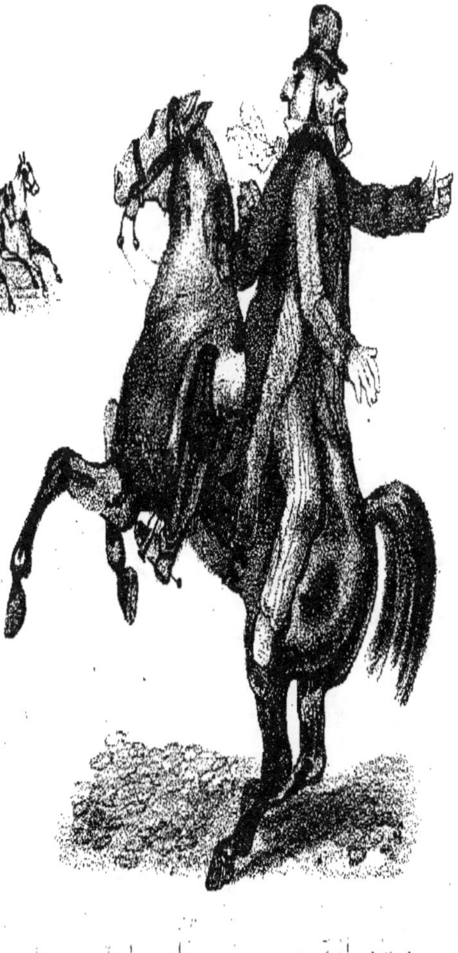

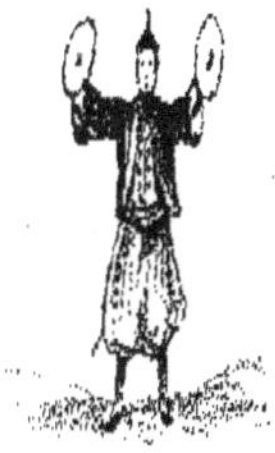

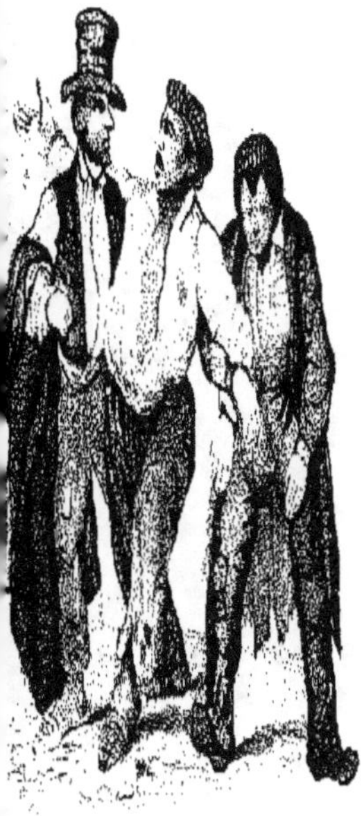

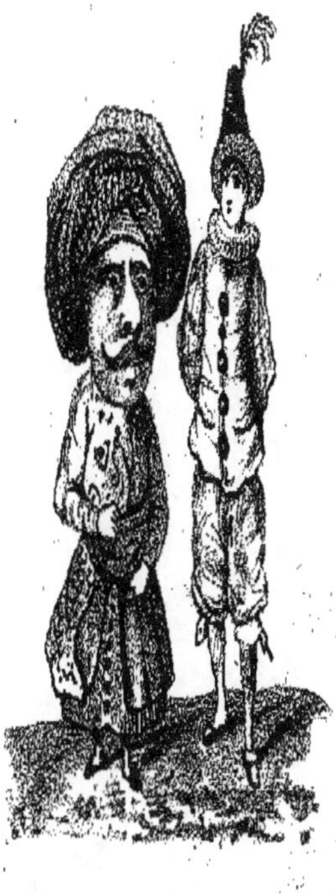

Se vend chez les principaux libraires.

LA
JOYEUSE COMÉDIE.

Ouvrages Nouveaux

PROPRES A ÊTRE DONNÉS A LA SAINT-NICOLAS ET AU JOUR DE L'AN.

—∘❃❀❃∘—

Les Contes de Fées illustrés.

Le Petit Chaperon rouge, illustré, texte revu, corrigé, amélioré pour la morale et augmenté, par M. de Saintes; in-8° oblong, avec 16 belles lithographies et une belle couverture gravée et imprimée en couleur. Se vend en bandes déployées, dans un carton, sans le texte, figures noires.
— Colorié.

Le même, avec le texte, très-bien imprimé; cartonnage élégant en album, fig. noires.
— Colorié.

Le Petit Poucet, même format et autant de gravures.

La Petite Cendrillon, même format, id.

———

La Joyeuse Comédie, Musée comique, Folies, Bigarrures et fantaisies artistiques; texte par Mesdames de Savignac, de Salvage et la baronne de Norew; illustrations par Victor Adam, Grandville et Gavarni, 1 joli vol. in-8° oblong, illustré par 16 belles planches, cartonné avec soin.
— En noir avec texte.
— Colorié, avec texte.
— En bandes déployées, fig. noires, sans texte.
—   Id.   coloriées,   id.

Liége. — Imprimerie RIGA. — Atelier de gravure et lithographie.

LA JOYEUSE COMÉDIE,

Musée Comique,

FOLIES, BIGARRURES ET FANTAISIES ARTISTIQUES.

Illustrations de Victor Adam, Grandville, Gavarni

Se vend chez les principaux libraires

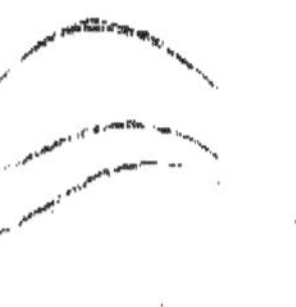

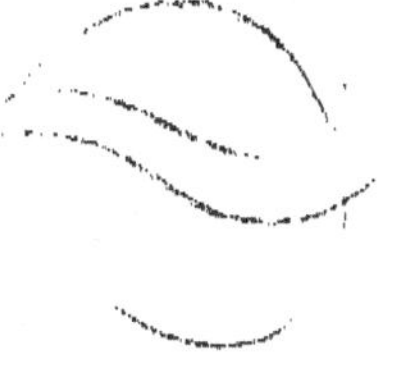

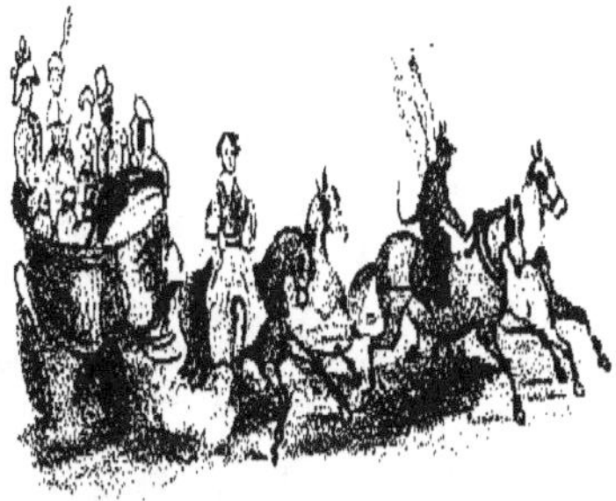

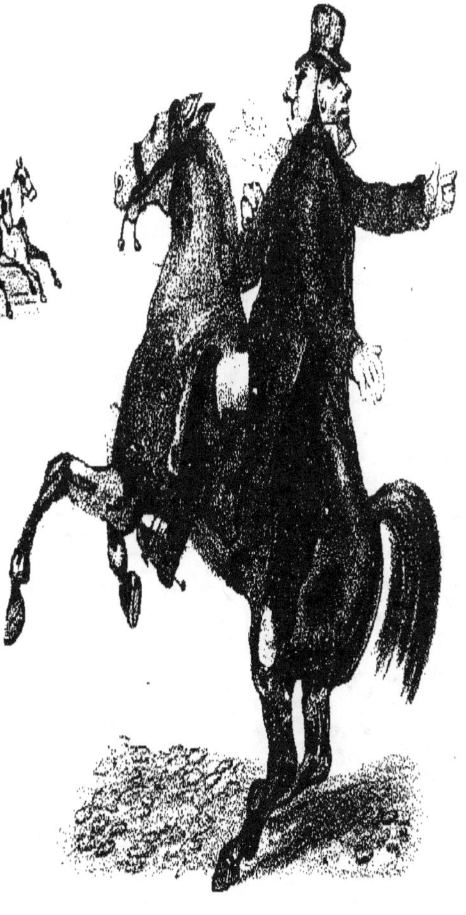

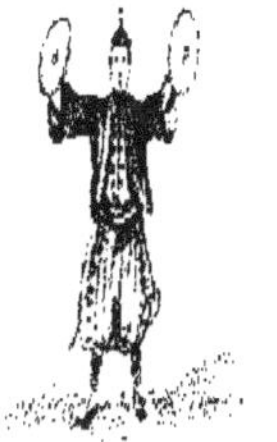

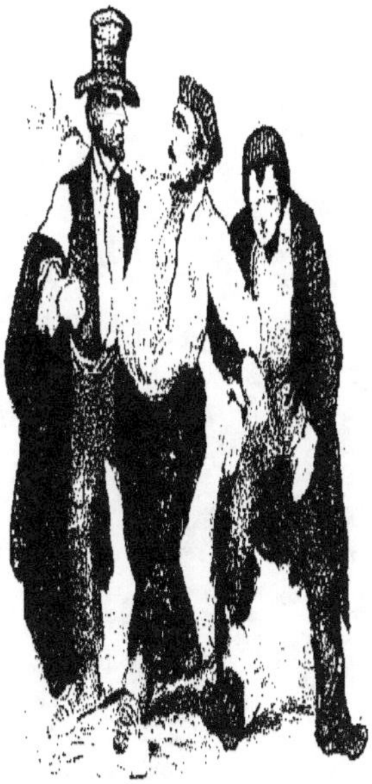

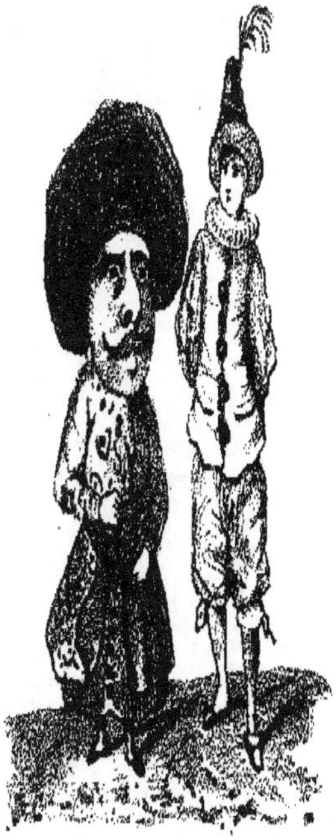

LA

JOYEUSE COMÉDIE,

Musée Comique,

FOLIES, BIGARRURES ET FANTAISIES ARTISTIQUES.

TEXTE par Mesdames   ILLUSTRATIONS par

Alida de Savignac.   Victor Adam.

de Salvage.   Grandville.

la baronne de Norew.   Gavarni.

Publié par RIGA, imprimeur-Libraire, à Liége.

SE VEND CHEZ LES PRINCIPAUX LIBRAIRES DE LA BELGIQUE ET DE L'ÉTRANGER.

LA JOYEUSE COMÉDIE

LA JOYEUSE COMÉDIE,

Histoire de Carnaval.

C'était le dernier jour du carnaval ; la pluie et la neige avaient accordé une trève aux habitants de Paris, afin qu'ils pussent jouir des mascarades ; la foule des piétons encombrait les bas-côtés des boulevards, depuis la Bastille jusqu'à la barrière de l'Étoile. C'était même aux environs de l'église de la Madeleine que l'encombrement était le plus grand ; quatre files de voitures montantes ou descendantes occupaient la chaussée, plusieurs même étaient en travers et barraient le passage ; leurs conducteurs, cochers de bonnes maisons en livrées aristocratiques, ou cochers de fiacres, cachés *sous des habits de caractère*, disputaient contre les gardes municipaux ; ils voulaient retourner sur les boulevards, et les conservateurs de l'ordre public exigeaient qu'ils continuassent leur promenade dans la rue Saint-Honoré, ainsi que cela se pratique de temps immémorial. — Pourquoi empêcher mes gens de retourner ainsi que je leur commande toujours de le faire? demanda une jeune dame en sortant sa tête par la portière de son carrosse; l'équipage était armorié; un agent de police s'avance le chapeau à la main. — La consigne est de faire continuer la file par la rue Saint-Honoré. — Mais c'est très-ridicule, l'an dernier je n'ai pas quitté les boulevards. — C'était sans doute à la promenade de Longchamp? — Qu'importe? — Ah! madame a certainement trop de religion pour ne pas comprendre que l'autorité doit établir quelque différence entre la semaine-sainte et le mardi-gras. — La jeune dame se rejeta dans le fond de sa voiture et la foule accueillit par des quolibets la harangue du pieux fonctionnaire.

Dans le conflit causé par cette altercation, deux cabriolets chargés de masques accrochèrent leurs roues; c'était là un petit malheur, le vernis de ces équipages n'en était pas à cela près d'une écorchure et les jantes avaient fait leurs preuves. Mais cet accident n'en servit pas moins de prétexte à un fort de la Halle et à une poissarde pour se jeter d'un cabriolet à l'autre tous les propos grivois en usage à la Courtille. Les amateurs de ce genre d'escrime faisaient cercle, les masques allaient être tout langue, les badauds tout oreille, les filous tout mains, les agents de police tout yeux. Les gens soigneux de leur montre et de leur mouchoir se retiraient prudemment et les femmes honnêtes se hâtaient encore plus de s'éloigner.

Une dame vêtue très-simplement, mais dont l'extérieur annonçait cependant beaucoup de distinction, se trouva au plus épais de la bagarre donnant le bras à une jeune personne de quatorze ou quinze ans, et dans cet embarras elle regardait autour d'elle cherchant sans doute son domestique, qui, selon la coutume des valets parisiens, avait eu soin de se placer à l'écart de façon à ne point paraître appartenir à quelqu'un. Une apostrophe plus que vive adressée par la poissarde au malin lui fait prendre son parti; sa fille ne peut pas entendre de pareilles choses, elle l'entraîne et s'élance pour traverser la chaussée. Au même instant les files de voitures stationnaires depuis un quart d'heure se mettent en mouvement, le brancard du cabriolet heurte la jeune personne et la renverse.

Sauter en bas de son cabriolet, relever la jeune demoiselle, la porter dans ses bras jusque dans le café qui est au coin de la place de la Madeleine et de la nouvelle rue Royale, fut l'affaire d'un instant pour l'homme déguisé en poissarde. Tandis qu'il sauvait ainsi Mlle Mathilde de Vierson, sa mère s'agitait pour la rejoindre; elle n'aurait pas eu plus d'inquiétude à la savoir sous les pieds des chevaux qu'en aussi mauvaise compagnie. Enfin, aidée par l'officier de service et par son laquais qui s'était décidé à s'approcher d'elle, elle parvint à se démêler de la foule que cet événement avait amassée; elle accourut haletante vers le café; le libérateur de Mathilde venait au-devant d'elle dans son grotesque costume qu'il semblait avoir oublié. — Rassurez-vous, madame, mademoiselle votre fille n'est pas blessée. — En parlant ainsi il ouvrait la porte du café en s'effaçant pour laisser passer madame de Vierson.

Il y a dans le son de la voix et dans les moindres gestes d'un homme du monde quelque chose d'indéfinissable auquel on ne peut se méprendre. Ce je ne sais quoi frappa madame de Vierson; elle regarda la poissarde qui savait remplacer sa voix enrouée par un accent si convenable, la trouva fort bien en tant qu'elle substitua par la pensée le costume masculin à la jupe et au corset rouge; puis passant sans s'arrêter elle se dit en elle-même : C'est un acteur.

Mathilde, qui n'avait pas même eu peur, respirait des sels par contenance pendant que la dame du café préparait un verre d'eau sucrée à la fleur d'orange : la mère et la fille eurent une grande joie de se revoir. — J'avais peur pour vous, maman, moi je n'ai pas eu de mal ; si vous saviez comme monsieur m'a emportée ! — Et Mathilde qui n'avait pas quinze ans se mit à rire. — Recevez, monsieur, l'expression de ma reconnaissance. Si M. de Vierson et moi nous pouvions à notre tour... — Oubliez, madame, un événement dont la pensée vous cause encore une pénible émotion et croyez que je suis trop récompensé par l'honneur de vous avoir rendu service ; puis-je encore vous être bon à quelque chose? — Je vous suis obligée, monsieur, mon domestique va chercher à nous procurer une voiture. — Il en faudrait peut-être deux, dit la dame du café en regardant le masque d'un air qui semblait dire : Vous êtes moins fait que personne pour courir les rues à pied le mardi-gras. — C'est inutile ; si vous permettez, je vais donner une commission au garçon et même si j'osais... Il s'arrêta en regardant madame de Vierson, et sans achever sa phrase il se pencha à l'oreille du garçon de café qui sortit l'épine dorsale courbée comme le cadi de Bagdad devant *Ipondocani*.

Les dames de Vierson chuchotaient entre elles ; le masque tout-à-fait sorti de son personnage de poissarde feuilletait les gazettes, la dame du café étendait les rideaux de gaze sur les glaces de la devanture, pour dérouter les curieux. Tout-à-coup, le houra de la foule et les cris des enfants : *à la chianlit! à la chianlit!* annoncent des masques. La porte du café s'ouvre ; un magicien, que madame de Vierson avait remarqué dans le cabriolet, entre. — Eh bien ! Hector, viens-tu? — Non, il est tard, répondit la poissarde en regardant à une délicieuse montre de Breguet, il faut que je rentre chez moi. — Comment t'en iras-tu? les gendarmes n'ont pas voulu permettre que nous t'attendissions davantage ; ils ont fait filer notre phaéton par la rue Saint-Honoré. On est allé avertir Étienne. — En ce cas, tu me donneras une place. — Très-volontiers. — Décidément, c'est un prince déguisé, dit Mathilde tout bas à sa mère. Un regard sévère de madame de Vierson imposa silence à la jeune fille.

Dans cet instant, le domestique revint ; il était impossible de trouver une voiture de place. — Voilà qui est horriblement contrariant, aussi vous êtes si maladroit! Si je vous envoyais chercher de l'eau à la rivière, vous diriez qu'elle est à sec. Voyez dans quel embarras nous met la sotte complaisance que j'ai eue de sortir à pied un mardi-gras. — Si cependant madame voulait venir jusqu'à la rue Neuve-du-Luxembourg, l'omnibus du faubourg Saint-Germain y passe. — On est allé avertir mon cocher, madame; il va venir me prendre, dit la poissarde de l'air du monde le moins en harmonie avec son costume. — Ce serait abuser, monsieur, je demeure fort loin, répliqua madame de Vierson d'un ton sec. — Je me porte caution pour mon ami; il dînerait à huit heures du soir, il ne dînerait même pas du tout, pour rendre service à madame la baronne de Vierson, et réparer..... — Pardon, monsieur, je ne crois pas avoir l'honneur..... — De connaître Nostradamus, n'est-ce pas? Je serai peut-être plus heureux chez mon oncle l'avocat-général, dit le magicien en ôtant le faux nez qui lui couvrait la figure. — Ah! M. Alfred de Silvas! Un grave magistrat; Dieu soit en garde aux pauvres plaideurs. — Donnez-moi donc, madame, l'exemple de la justice et de la miséricorde en n'affligeant pas le pauvre Hector par un refus. — Je serais désolée, messieurs, d'arrêter le cours de *vos piquantes folies;* continuez donc votre *joyeuse et folle comédie.* Vous l'avez entendu, l'omnibus va me conduire chez moi, recevez tous nos remercîments. Venez Mathilde. On peut sortir par la porte cochère, n'est-il pas vrai, madame? ajouta la baronne en s'adressant à la maîtresse du café, et plaçant sur le comptoir une pièce d'or dont elle refusa de prendre la monnaie.

Tout cela fut dit et fait d'un ton qui n'admettait pas de réplique.

La maîtresse du café ouvrit avec un respectueux empressement les portes qui conduisaient de son laboratoire sous la porte cochère. Madame de Vierson prit le bras de sa fille, échangea avec les deux masques un salut froid et cérémonieux, et, suivie de son laquais, sortit du café.

—Ah! triple bégueule! trouver l'omnibus plus décent et plus convenable que ta voiture, voilà qui est du dernier impertinent, s'écria en riant le substitut Alfred de Silvas à son ami Hector de Norval.—Cela ne t'empêchera pas, gros Perrin-Dandin, de mettre dans ton premier roman un héros gagnant le cœur d'une héroïne en sauvant la vie de son enfant.—Au moins j'aurai soin qu'il ne soit pas déguisé en poissarde.—Afin sans doute qu'il n'y ait rien de neuf dans ton intrigue, magistrat incorruptible et romancier transcendant.—Mais, regarde-toi donc.—Et les deux jeunes gens retrouvant leur gaîté, un instant gênée par la présence de madame de Vierson et de sa fille, se mirent à rire à gorge déployée.

Trois mois après le carnaval, madame de Vierson, étant à l'Opéra, reçut un salut qu'elle rendit très-froidement. — Vous connaissez M. Hector de Norval ? — Dieu merci ! non ; cependant je l'ai rencontré ; et elle raconta à son amie l'aventure du mardi gras, ajoutant : Conçoit-on qu'un homme du monde, bien né, bien élevé, ait le goût de si ignobles plaisirs ? Cela fait horreur, ma chère ! — Il se laisse entraîner par Alfred de Silvas, qui donne, vous le savez, dans tous ces travers ; qui est poëte, musicien, membre du Jockey's Club et du tribunal de Dijon. — Je ne sais pourquoi j'excuse davantage celui-là. — Hum ! je ne pense pas comme vous, Hector est fort bien ; il a une grande fortune. — Fi donc ! fi donc ! comment peut-on penser à ces choses ? — Vous ne me permettriez donc pas de vous le présenter jeudi ? — Vous plaisantez, j'espère ?

Il y a aujourd'hui trois ans que madame de Vierson parlait ainsi à l'Opéra, et M. de Norval, qui a soixante mille livres de rente, épouse la semaine prochaine mademoiselle Mathilde de Vierson, mariage superbe, désiré et préparé de longue main, dit-on, par la mère de cette jeune personne.

LE RÊVE DE MON ONCLE RABOTEAU.

Nous étions à la fin du mois de juin. Il faisait un temps lourd, l'atmosphère était chargé de vapeurs, et les nuages qui se promenaient au ciel, cachaient par fois le soleil, qui ne se remontrait que pour faire sentir davantage sa chaleur. J'ai un oncle, Monsieur Raboteau, qui aime par-dessus tout les bois d'Aulnay, lieu charmant, près de Sceaux, où il demeure pendant la belle saison. Le jour que je l'allai voir, il s'était promis de me montrer un dessin de sa façon fort original. Mon oncle est un amateur des beaux-arts, et il affectionne la peinture qu'il cultive avec goût. Nous étions sortis et nous nous promenions dans la campagne, le long des murailles du parc de Plessis-Piquet, près de la petite tourelle de l'angle, en face du plateau qui couronne une vaste sablière. De là on peut contempler un magnifique paysage. La vue s'étend sur Sceaux, Bourg-la-Reine, Antony, Fontenay-aux-Roses, Chatenay et plus de

trente villages. Nous allâmes nous asseoir sous l'un des beaux marronniers qui procurent, dans cet endroit, toujours de l'ombrage et de la fraîcheur aux promeneurs. — Assieds-toi ici, mon neveu, me dit Monsieur *Raboteau*, me montrant un banc naturel de gazon ; et, lui-même s'étendit sans façon sur la mousse tendre et fleurie qui s'offrait à nous, avec sa couverture parfumée de serpolet. Ouvrant alors son portefeuille d'artiste qu'il portait avec lui, je crus qu'il allait dessiner quelqu'arbre, quelque mâsure, que sais-je moi ! mais point : le dessin qu'il voulait que je visse, était déjà fait. Il déploya un papier assez grand, et me dit : Regarde. Je portai mes yeux sur le dessin, et ma surprise ne fut pas petite lorsque j'y aperçus un assemblage bizarre de personnages et d'objets singuliers, au milieu desquels je reconnus la tête, puis le nez de mon oncle, que le dessinateur avait allongé de plusieurs pieds, pour faciliter le travail des acteurs dont j'ai à vous entretenir. Au haut de cette esquisse, qui promettait quelque chose de fort original, je lus : *Rêve de Louis Raboteau*. — Comment ! dis-je à celui-ci, vous avez rêvé, mon oncle, tout ce ce que je vois là ?

Raboteau. — Oui, mon neveu ; et, qui plus est, j'en ai conservé un tel souvenir que je crois y être encore, et peux tout raconter. « C'était à la sortie d'un dîner de famille : ce jour-là on m'avait versé du champagne plus qu'à l'ordinaire, je voyais double tous les objets; un peu entre deux vins, j'allai me coucher. Je n'eus pas plutôt mis ma tête sur l'oreiller que mille personnages divers vinrent assaillir mon imagination en délire, mais d'une façon si extraordinaire que je croyais les voir et les toucher. Tous ces objets me paraissaient d'une réalité si parfaite, qu'il m'était impossible de ne pas croire à leur présence. J'étais d'abord dans mon lit, tout étendu; mais bientôt, horriblement agité, je changeai de position. J'avais la tête nue, les cheveux ne m'embarrassent pas, tu le sais; le premier objet que je vis fut un original donnant le bras à sa respectable moitié, et criant à tue-tête :

« Je suis M. Babolin, riche propriétaire de navire; c'est moi qui ai découvert le moyen de conserver les morues fraîches du Hâvre à Paris et de les empêcher de moisir. Jean-Baptiste Say et tous les économistes ne m'en remontreraient pas. Pourquoi ne suis-je pas à la Chambre des Députés ?… J'y ferais le bonheur du peuple !… et le mien aussi. »

— « Tais-toi, lui dit Mme Babolin, petite mère de quarante-cinq ans, qui a un pied de plus que son mari. Tais-toi, et laisse parler ta Titine... »

Et là-dessus la commère entame une dissertation à faire mourir l'homme le plus patient du monde.

Je tournai la tête et j'aperçus un homme en blouse qui jetait son chapeau en l'air en criant : *Vive l'Empereur!* Près de lui se trouvait un brave invalide muni de deux véritables jambes de bois, assis tranquillement sur un tertre et fumant sa pipe avec toute la gravité d'un Allemand. — « Oui, ajoutait-il, vive l'Empereur, et nous refrotterons encore ces polissons de cosaques! »

— « Bon, me dis-je, voici des agents provocateurs qui veulent m'exciter par leur exemple, afin de me faire empoigner pour me conduire au violon : pas si bête! »

Je change tour à tour de position, et chaque fois c'était un nouvel original qui me donnait un cauchemar insurmontable. Ici c'était un tourlourou faisant l'éducation d'un canard; là c'était un troubadour frileux courant après sa belle; plus loin, enfin, je vis une pie habillée en pierrot qui ne cessait de me crier : Vilain! vilain!

Je revins à moi-même, mais, hélas! avec deux pieds de nez! Et ce nez m'était si subitement poussé, que j'éprouvai dans le moment de cruelles démangeaisons ; elles augmentèrent au point de devenir intolérables ; il me semblait qu'une fourmillière s'était emparée de mon malheureux nez, comme si la régie des tabacs eût voulu le séquestrer. La souffrance me fit ouvrir un œil, œil hagard et pleureur ; et, qu'est-ce que je vis ? O ! grand Saint Thomas ! d'abord, la musique tout entière de ma légion, légion du diable, va ! elle s'était établie sur le bas de mon front, menaçant mon bureau de tabac. La grosse caisse et la longue trompette faisaient déjà un bruit infernal.

Le Neveu. — Mais, mon oncle, comment pouviez-vous voir ce qui se passait sur votre front : vos yeux ne devaient pas atteindre jusque si haut ?

Raboteau. — Voici, Monsieur, ce qui fait justement votre erreur : dans mon rêve, je voyais partout, même dans le cœur. Les enragés jouaient des quadrilles de Musard et des valses de Strauss, qui étaient dansées par de belles Dames et de beaux Messieurs, sur ma protubérance nasale, qui s'élargissait et s'allongeait complaisamment pour se prêter à ces ébats qui me faisaient tant souffrir. J'appris bientôt d'un paillasse qu'ils avaient établi sur mon pauvre nez un Tivoli d'été! Deux méchants garnements en voulaient surtout à son extrémité où ils exécutaient de la gymnastique, en s'y pendant comme à une corde tendue, malgré les plaintes que dans mon rêve je ne cessais de proférer. — *Aye! aye! mon nez! ma tête! mes oreilles!* criais-je sans cesse. Les furibonds, dans leur délire, ne s'étaient-ils pas avisés de placer à mes oreilles, pour orner mon bel anneau d'or, trois malfaiteurs qui s'y balan-çaient avec arrogance! Le vent agitait ce gibier de potence à m'arracher ou l'oreille, ou mon bel anneau, que je porte depuis 92. Enfin, il était temps que ce cauchemar cessât, je n'y pouvais plus tenir. Ce charivari d'une nouvelle espèce avait duré huit heures. — A mon réveil, j'eus bien de la peine à me persuader que tout ce que je venais de voir n'était qu'un rêve. De peur de l'oublier, je pris mon crayon, et tu le vois sur le papier. — Tout ceci est plaisant, n'est-ce pas? — Victor Adam ne ferait pas mieux.

LES SALTIMBANQUES.

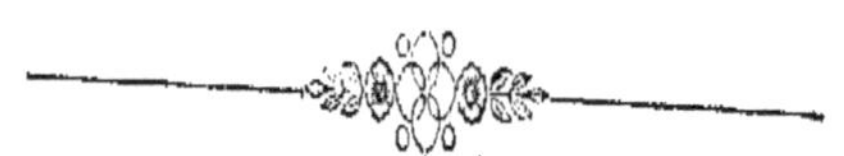

Ton, ton, ton, ton, ton, ton, ton. Ah! la trompette, le violon, le tambourin; courons, courons! on va faire des tours, criaient à la fois, un dimanche soir, une dizaine d'enfants en entendant l'appel ordinaire des saltimbanques; et sans songer à ceux qui les accompagnaient, l'essaim s'élança pour jouir du spectacle en plein vent.

Cinq acteurs entraient en scène : un homme, long et mince, au costume clinquant et fané; une femme, jeune encore, mais dont l'accoutrement moitié homme, moitié femme et les traits altérés dénaturaient presque le sexe; une autre vieille femme édentée, au teint bruni, au nez courbé, au menton de galoche, et affublée d'un chapeau à panache, d'une redingote d'homme et d'un vieux jupon de laine; et enfin deux enfants de quatre à cinq ans, l'un paillasse,

qui avait autant de taches que de carreaux à son habit ; l'autre, mamelouck, mais tous deux à la figure pâle et maladive, quoique d'une expression de douceur et de gaîté contrainte qui inspirait l'intérêt et la pitié.

A chaque mouvement de ces grotesques personnages toutes les voix fraîches des enfants spectateurs éclataient en rires plus ou moins prolongés. Les exercices dangereux que ces gens exécutaient, excitaient leur surprise et faisaient parfois ouvrir toutes ces petites bouches roses en laissant échapper un Ah !... Leur mise et leurs contorsions diverses étaient le sujet de mille plaisanteries ; les petits acteurs en avaient bien aussi leur part, car moins adroits ou moins exercés que leurs parents, ils chaviraient parfois, et alors les éclats joyeux se faisaient entendre de plus belle.

—Hélas ! ils paraissent composer une famille, une famille entière, dit avec un sentiment de pitié, en regardant ces faiseurs de tours, un vieillard qui avait suivi de près la bande rieuse et semblait être le grand-père d'un de ces jolis blondins. Deux enfants, ajouta-t-il avec une expression plus tendre encore, pauvres petits ! Et il continua en s'adressant à la troupe folâtre : Ils ont vos âges, mes amis, ils sont même plus jeunes que plusieurs d'entre vous ; comme vous aussi ils aimeraient à rire, à jouer, mais déjà il leur faut travailler, il faut qu'ils gagnent le pain qu'ils mangent ; dès leur naissance on les a formés à ces rudes travaux ; à peine avaient-ils vu la lumière que leurs membres délicats étaient tournés pour s'assouplir. Pauvres enfants ! et après ces paroles, les regards du vieillard suivaient alternativement et avec curiosité les tours périlleux des acteurs de la place publique, et l'expression de crainte, d'intérêt et de plaisir qui se peignait tour à tour sur les jeunes visages qui l'environnaient.

Enfin, quand le savoir des saltimbanques fut épuisé, le petit turc, une soucoupe à la main, alla faire la récolte ; sa figure délicate et douce semblait prier en même temps que son bras s'avançait, et pourtant la soucoupe restait vide ; il n'y avait plus rien à voir, on partait ! Peut-être tous les jolis lutins accourus pour les voir allaient-ils en faire autant, lorsque le vieillard s'écria de nouveau : Pauvre petit ! sa figure s'attriste, il ne porte rien, ou presque rien à ses parents : enfants ! voyez tout est terminé, ils s'en vont, la journée est finie ; les pauvres innocents sont bien fatigués, et le père, la main dans son gousset, compte la recette ; son sourcil se fronce, il murmure : N'avoir encore fait que trente-trois sous trois liards ! Il a raison, le malheureux homme, il faut un toit pour abriter la pauvre famille, et quelque misérable qu'il puisse être, ce toit, on le paie, vous ne savez pas cela, vous, mes amis; puis, nourrir cinq personnes, les vêtir tant bien que mal : vous êtes bien jeunes pour que je vous dise ces choses, mais ces petits faiseurs de tours, ils sont aussi jeunes que vous, et le besoin les leur a apprises; allons, mes bons amis, soyez-leur secourables, courez après eux, un gâteau de moins, un bienfait de plus, vous les rendrez contents, eux et leur famille, et vous, ô vous serez bien heureux! si vous saviez quelle douce satisfaction l'on éprouve quand on contribue au bonheur de son semblable!...

Depuis que le vieillard s'adressait aux enfants, toutes leurs petites têtes s'étaient levées vers lui, quelques visages souriaient, plusieurs jetaient un regard furtif sur les infortunés, et bien des yeux semblaient humides; mais au dernier appel, un cri sortit de toutes les bouches, et un même élan poussa tous ces enfants heureux vers ceux qui, après avoir travaillé pour les amuser, s'en allaient tristement chercher un morceau de pain pour le soir; en une seconde, les goûters, les sous de récompense de la semaine tombèrent dans leurs mains.

Oh! il fallait voir la joie de ces pauvres créatures! comme ils coururent à leur père pour lui remettre ce riche butin, comme leurs pâles visages s'animèrent d'un rayon de bonheur, puis ils sautèrent, firent des saluts de remerciements, de reconnaissance à leurs bienfaiteurs qui, ainsi que l'avait dit le vieillard, ne furent jamais si gais et si heureux que cette soirée-là; aussi, ils revinrent tous la figure rayonnante de plaisir près du bon conseiller qui, ému jusqu'aux larmes de la spontanéité de leur mouvement, les pressa l'un après l'autre sur son cœur, et les menant chez le pâtissier, les combla de friandises.

— Tiens, s'écriaient-ils tous, nous en avons bien plus que nous n'en avons donné.

—Eh! mes chers enfants, leur dit le vieillard, c'est toujours ainsi; le bon Dieu rend plus qu'on ne donne : allez, soyez bons et humains, et les bénédictions du ciel tomberont sur vous.

LE FIDÈLE MÉDOR.

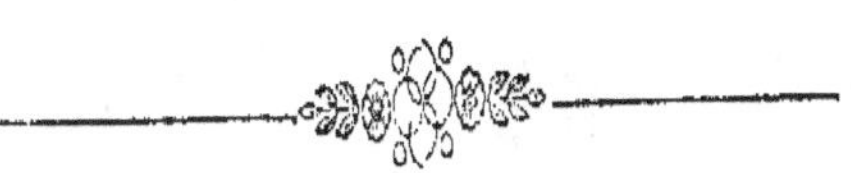

Un pauvre aveugle, courbé par l'âge et la misère, cheminait péniblement sous la conduite d'un chien épagneul. Le fidèle Médor était le seul ami, le seul protecteur que la fortune eût laissé à un homme qu'elle avait jadis comblé de ses dons, et le monde, souvent injuste, reprochait à l'aveugle cette compagnie. Pourquoi, disait-on dans les villages où ils s'arrêtaient, ce mendiant a-t-il avec lui un gros chien qui doit manger autant qu'un homme? Un soir, le pauvre aveugle, exténué de fatigue, s'arrêta sur un banc à la porte d'une hôtellerie : l'hôte était un homme dur et avare, incapable de se priver et de faire la charité; cependant il n'osait pas repousser les pauvres, car on le savait riche, et il craignait d'être blâmé par ses voisins; il vint donc auprès de l'aveugle s'informer de ce qu'il demandait. « Un morceau de pain pour apaiser ma faim, répondit l'aveugle, et un peu de paille pour dormir, car je meurs de lassitude et de besoin. — Puisque vous êtes si pauvre, reprit à son tour la femme de l'aubergiste, vous feriez mieux de vendre votre épagneul et de prendre un barbet à la place; il vous conduirait aussi bien. — Ou de vous contenter d'un bâton, ajouta l'aubergiste avare; cela suffirait pour vous guider et ne mangerait pas. » L'aveugle répondit: « Hélas! monsieur, j'ai déjà essayé plusieurs fois de me défaire de Médor, non dans mon intérêt, mais dans le sien; le pauvre animal m'est si attaché qu'il trouve toujours le moyen de s'échapper des maisons où je le laisse pour venir me trouver. — En ce cas, il faut le tuer, répondit l'aubergiste, laissez-le moi, et vous ne le reverrez pas, je vous le promets. » A ce cruel propos l'aveugle se leva du banc sur lequel il était assis et se remit en route avec Médor, sans attendre la soupe et le moreeau de pain qu'on lui avait promis à regret.

Mais quelque empressement qu'eût l'aveugle de s'éloigner de cette maison, la fatigue et la faim le forcèrent bientôt à s'arrêter de nouveau; cette fois ce fut devant la grille d'une jolie maison de campagne. Madame Dormond, sa fille Thécla et son fils Georges arrosaient les fleurs d'un parterre d'où l'on découvrait le grand chemin. Les enfants, voyant un pauvre assis contre la grille, accoururent pour lui porter secours. Leur maman les joignit promptement.

« Maman, il n'y voit pas, cria Thécla. — Maman, c'est son chien qui voit pour lui, reprit Georges d'un ton plus haut. — Maman… » Thécla allait sans doute ajouter quelque chose de plus surprenant encore; sa mère l'interrompit en s'adressant à l'aveugle : « Entrez, mon brave homme, dit-elle en le guidant elle-même par la main. Vous serez mieux dans la maison qu'ici. — Que Dieu vous bénisse, ma bonne dame, répondit l'aveugle, et vous aussi, ma bonne petite demoiselle, qui voulez vous charger de ma besace; mais permettrez-vous à mon chien d'entrer chez vous en même temps que moi?

—Et pourquoi pas? demanda Georges qui était déjà l'ami intime de Médor. — C'est qu'il y a à l'entrée de ce village une auberge où l'hôte m'a proposé de tuer Médor, me reprochant de garder dans ma misère un compagnon aussi dispendieux. — Oh! le méchant! s'écrièrent à la fois Thécla et Georges. — Vous n'aurez rien à craindre de semblable chez nous, dit madame Dormond. Nous savons que le pauvre n'est pas toujours maître de choisir ses amis, et nous estimons ceux qui sont reconnaissants, n'importe que ce soit envers une personne ou envers un animal. »

Quand M. Dormond revint de sa ferme, où il avait surveillé la rentrée de la moisson, il trouva le mendiant bien établi dans un grand fauteuil à la porte de la cuisine; Médor était couché à ses pieds; tous deux ayant pris un bon repas se reposaient de leurs fatigues. M. Dormond fut également frappé de la beauté du chien et de l'air distingué du maître. « Cet homme ne me semble pas un mendiant de profession, dit-il à sa femme. — Je ne le crois pas non plus, répondit madame Dormond. Il parle avec un accent légèrement étranger, mais d'un ton et avec des expressions tout-à-fait au-dessus de sa condition. » L'aveugle qui ne dormait pas, comme le croyaient ses hôtes, répondit : « Je ne me plains pas de ma condition, quelque triste qu'elle soit. Fasse le Tout-Puissant que celle de mon roi ne soit pas plus mauvaise encore. — Vous êtes donc Espagnol, ainsi que votre accent l'annonce? — Hélas! oui, madame; j'étais déjà vieux à l'époque où commença notre révolution. Mais je ne pensais pas que l'âge me dispensât de suivre le parti que je croyais le plus juste. Déjà la mort avait fauché autour de moi femme, enfants, parents; j'avais tout perdu, il ne me restait que mon chien Médor, tout jeune alors; il me suivit à l'armée. Nous avons fait ensemble la guerre dix ans dans les montagnes de la Navarre. Ce brave animal m'a sauvé la vie en deux occasions différentes. Une fois, au passage d'un gué, j'allais me noyer quand Médor, qui nageait près de moi, me saisit par les cheveux et me tira sur le rivage. La seconde fois, harassé par trois jours de marche forcée, j'ordonnai une halte sur le bord du chemin, et j'aurais été fait prisonnier par les soldats de l'insurrection ainsi que tout le détachement que je commandais, si mon bon chien, les devinant avec un instinct admirable, ne m'eût éveillé à temps. Je fis prendre les armes à mes gens, et nous opérâmes notre retraite dans les montagnes. Plus tard je perdis la vue à la suite d'une blessure; enfin les désastres de l'armée royale m'ont contraint à chercher un refuge en France. Je n'ai même sauvé avec moi aucuns papiers qui constatent mon droit au grade de colonel que le roi m'a conféré, mon rang, ni même mon origine. Ce n'est qu'à Paris que je puis me faire reconnaître par l'ambassadeur de ma nation, et réclamer les secours accordés par votre gouvernement aux réfugiés espagnols. Voilà, monsieur, quel est le but du voyage que j'ai entrepris en demandant l'aumône. Ainsi vous avez deviné juste ; je ne suis pas un mendiant de profession. » Les enfants avaient écouté avec admiration les paroles du vieillard. Ce qui les avait le plus frappés dans ce récit, c'étaient les belles actions de Médor. Le noble animal, déjà familiarisé avec eux, les suivit dans le jardin. Thécla, persuadée qu'il avait encore soif, courut lui chercher une grande jatte de lait qu'il lampa tout d'un trait avec une courtoisie parfaite ; le bon Médor, tranquillisé sur le sort de son maître qu'il laissait aux soins de ses hôtes, se fit l'ami des enfants : Georges, toujours sans gêne, fut bientôt pair et compagnon avec lui ; persuadé qu'un héros de la race canine devait être aussi patient qu'un vrai saint, il lutinait Médor, lui tirait la queue, les oreilles, sautait sur son dos comme sur celui d'un cheval. Thécla, au contraire, ayant sans cesse devant les yeux Médor tirant son maître de l'eau, ou l'avertissant de la présence des ennemis, témoignait au bon chien une tendresse un peu trop respectueuse ; elle ne lui parlait qu'à genoux, s'extasiant devant chacune de ses plus simples actions ; et si Médor, trouvant le visage de la petite fille au niveau de son museau, le débarbouillait d'un large coup de langue, au lieu de dire : A bas Médor ! elle s'écriait : « Oh ! qu'il est bon ! »

Cependant M. et M⁰ᵉ Dermond n'avaient pas permis à don Sébastien

Morillo (ainsi se nommait le colonel aveugle) de continuer sa route à pied vers Paris ; ils le retenaient chez eux en attendant que toutes choses fussent prêtes pour le faire partir convenablement par la voiture publique. Tandis que l'on s'occupait chez M. Dormond de confectionner à l'aveugle un trousseau, on s'entretenait diversement dans le village de la bienfaisance des propriétaires de la petite maison : beaucoup s'en étonnaient ; « car enfin, disaient-ils, M. et Mme Dormond ne connaissaient pas cet Espagnol qu'ils traitaient comme un frère ; ils auraient assez fait pour lui en lui donnant quelques écus pour continuer sa route. On serait bientôt ruiné s'il fallait traiter avec autant de générosité chaque mendiant plus ou moins intéressant qui vient frapper à votre porte. » Car c'est ainsi que parlent les indifférents, trouvant toujours que l'on fait assez pour les malheureux quand on ne les rebute pas ; d'autres personnes allaient plus loin. Il y avait, selon elles, de la folie dans la conduite de M. Dormond. L'Espagnol devait être un aventurier dont tout le mérite consistait à posséder un grand chien sur le compte duquel il fabriquait des contes à dormir debout, « Car, disaient ces mêmes gens, cet animal miraculeux n'est probablement qu'un vrai *pille-gigot* comme tous ceux de son espèce. » L'aubergiste avare, qui avait conseillé à don Sébastien de faire tuer son chien, ne reculant pas devant une calomnie, prétendit même que le jour où l'aveugle s'était arrêté chez lui il avait manqué à la cuisine un gros morceau de mouton. Médor devait bientôt confondre tous ces mauvais propos et forcer ses ennemis mêmes à l'admiration.

Une nuit où tous les habitants de la maison étaient plongés dans un profond sommeil, Médor, qui dormait aussi couché auprès du lit de son maître, se dresse tout-à-coup sur ses pattes et fait entendre un aboiement qui éveille don Sébastien en sursaut. « Qui est là? qu'as-tu, Médor? » Le chien répond en grattant à la porte et demandant à sortir. « Je n'entends rien au dehors, se dit l'aveugle, Médor ne sait ce qu'il veut. Couchez, Médor, couchez! » Mais le chien persistait à gratter à la porte en donnant des signes d'impatience si sensibles que son maître consentit à le satisfaire, non toutefois sans murmurer un peu contre cette étrange fantaisie.

Ce n'était cependant pas un caprice qui portait Médor à troubler le repos du colonel. Les chiens ont en général les sens plus parfaits que les hommes. Médor avait entendu un pétillement étrange, et avait flairé une odeur de fumée encore imperceptible pour tout autre nez que le sien. De la chambre de son maître il alla à la porte de celle de M. Dormond, il fit tant des pattes et de la voix qu'il se fit entendre de lui et l'arracha de son lit. Le premier mouvement de M. Dormond, en voyant que Médor était seul, fut de donner au diable l'animal et ses lubies; mais, réfléchissant à l'intelligence surprenante dont ce chien avait fait preuve en plusieurs occasions, il se décida à lui porter attention. Médor, le voyant si bien disposé, se mit à fêter de la queue et à marcher devant lui dans la direction du *fournil*; on appelle ainsi à la campagne la chambre où est le four. On avait cuit du pain dans la journée, et M. Dormond en approchant de cet endroit sentit une odeur de fumée qui ne lui laissa pas de doute sur la présence du feu. En effet, une pièce de charpente placée trop près de la cheminée du four, s'était embrasée par le contact de la chaleur. Une heure plus tard le feu aurait éclaté d'une manière fort dangereuse, le fournil étant construit à proximité des greniers à foin alors remplis de là récolte nouvelle.

Mais M. Dormond, averti à temps par Médor, n'eut besoin que de l'aide de son jardinier pour conjurer ce malheur. Quelques seaux d'eau jetés contre la poutre suffirent pour éteindre un incendie qui aurait peut-être dévoré le village en entier. Mme Dormond et ses enfants ni même le colonel, qui avait recommencé son somme interrompu, ne se doutèrent pas du danger qu'ils avaient couru; mais quand le lendemain matin ils apprirent de la bouche de M. Dormond que le feu avait éclaté la nuit dans le fournil, et comment Médor était venu à la porte de sa chambre l'en avertir, ce furent de nouvelles louanges données au bon chien. « Vous voyez, colonel, dit M. Dormond à son hôte, nous sommes quittes maintenant, ou plutôt c'est moi qui deviens l'obligé de Médor. — Non, mon cher monsieur Dormond, le mérite de votre charité envers un mendiant inconnu vous reste toujours. Mais ce nouveau chapitre de la vie de Médor prouve la vérité de notre proverbe: *Un bienfait n'est jamais perdu.* »

LE REMPAILLEUR DE CHAISES.

A voir la mise piteuse de ce pauvre Le Gentil, de ce rempailleur de chaises, sa tournure grotesque, ses jambes arquées, ses bras longs et maigres, faisant toujours, quand il marche et agit, les mouvements d'un télégraphe en fonctions, ne dirait-on pas que cet être, disgracié de la nature, en est le plus malheureux?

Il est vrai que le rempailleur Antoine, qu'on appelle, par dérision, Le Gentil, sert de risée à toutes les bonnes, à tous les enfants mal élevés de son quartier, qui ne cessent d'ameuter les chiens du voisinage contre lui. Aussi ces animaux sont si bien accoutumés à lui mordre les jambes lorsqu'il passe, que l'infortuné cherche à s'en garantir, en portant presque toujours avec lui deux chaises, l'une sur sa tête et l'autre à la main, pour les opposer à leurs dents meurtrières.

Cependant ce pauvre homme, si contrefait, si bafoué, vivant au jour le jour de son pénible travail, cachait une belle âme sous des dehors rebutants; car Le Gentil, outre sa tournure déjetée, son visage hideux, était presque toujours mal vêtu, au point qu'on le regardait comme une espèce de paria, un homme en dehors, pour ainsi dire, de la société. Pourtant, sous cette enveloppe grossière, il y avait un cœur noble et bon, compatissant aux peines des autres. Antoine, timide, taciturne, même honteux, connaissait sa situation et tâchait de s'y faire. On le disait un enfant abandonné, que la Providence avait conservé au milieu du monde, comme ces plantes perdues dans un champ inculte, dont le hasard seul peut faire découvrir les précieuses qualités.

Le pauvre rempailleur demeurait rue de Verneuil, au fond d'une cour, dans une vieille remise délaissée et sombre, où il avait établi son atelier et ses vieilles chaises, sa chambre à coucher et sa cuisine; c'est là qu'on lui apportait de l'ouvrage; la plupart du temps on venait le chercher, on le payait, et cela ne faisait ni embarras, ni bruit. Antoine travaillait en silence, ne parlait jamais à la portière que pour payer son terme qui était de 15 francs tous les trois mois, et ne conversait avec personne. Il allait chaque matin chercher une tasse de lait et un demi-pain de munition, un saucisson de trois sous et un peu de mou pour son chat, le seul ami qu'il eût. Tous les dimanches, on le voyait agenouillé à l'église, ayant la barbe fraîche, du linge blanc, sa modeste veste bien brossée, entendant la messe avec recueillement, en lisant dans un gros livre d'heures. Voilà quelle était la vie du rempailleur de chaises, que de mauvais garnements s'amusaient à tourmenter quand il sortait, et que des gens du peuple entretenaient tant bien que mal de travail.

Un jour on vit arriver Antoine, portant sur ses épaules un petit malheureux aussi mal vêtu que lui, qu'il déposa dans sa remise. Le rempailleur ne reparut pas de trois jours. La maison où il demeurait avait changé de maîtres et de portier. Une vieille femme veuve remplissait ce dernier emploi; elle était curieuse et voulait connaître tous les locataires avec lesquels elle devait avoir des relations. Elle fit ce qu'elle put pour engager la conversation avec l'homme de la remise, mais celui-ci, suivant sa coutume, fut sourd à toutes ses avances. La portière crut mieux réussir en mettant en avant son maître, le nouveau propriétaire. Cette femme lui persuada que la remise d'Antoine, un peu nettoyée, pourrait être louée plus avantageusement; elle lui parla ensuite de ce malheureux enfant qu'elle avait vu sur les épaules du rempailleur de chaises, et qui n'avait pas reparu. Enfin la portière engagea le propriétaire, qui était un grand seigneur, à voir son locataire... Un matin donc ce dernier reçut sa visite. — En entrant dans la remise le visiteur fut obligé de se boucher le nez, tant l'odeur qui en sortait était désagréable. Antoine était à l'ouvrage, une chaise entre les mains, ayant son chat sur une épaule, tandis qu'un jeune garçon, près de lui, à l'air misérable, apprêtait des brins de paille. Le propriétaire prit ainsi la parole :

LE PROPRIÉTAIRE. — C'est monsieur Antoine, je crois, qu'on vous nomme?

ANTOINE. — Monsieur, ou Antoine tout court; comme vous voudrez.

LE PROPRIÉTAIRE. — Je suis le nouveau propriétaire.

ANTOINE. — On peut vous en féliciter; car la maison paraît bonne, et rapporte.

LE PROPRIÉTAIRE (*à part*). — On m'avait dit que cet homme était un idiot, et voilà des réponses pleines de sens. (*Haut*) Gagnez-vous un peu votre vie?

Antoine. — Je paie exactement mon terme, et je ne me plains jamais; on a dû vous le dire.

Le propriétaire. — Vous n'êtes pas riche cependant?

Antoine. — Pardonnez-moi, j'ai de la santé et du travail.

Le propriétaire. — Avez-vous toujours fait cet état?

Antoine (*le regardant*). — Pourquoi cela?

Le propriétaire. — C'est que vous m'inspirez...

Antoine. — De la curiosité?... ou de l'intérêt?

Le propriétaire (*lui prenant la main*). — De l'intérêt.

Antoine (*respirant*). — Vous n'êtes pas comme tout le monde, vous?...

Le propriétaire. — Excusez mes questions. Mais votre langage...

Antoine. — Aurait-il quelque chose d'offensant?... Pardonnez-le-moi, car que peut-on attendre d'un être aussi disgracié que moi de la nature.

Le propriétaire. — Est-ce votre fils que je vois là, près de vous?

Antoine. — Non, monsieur.

Le propriétaire. — C'est peut-être un de vos parents?

Antoine. — Comme à vous, puisqu'il est de la grande famille humaine.

Le propriétaire. — Comment? je ne vous comprends pas.

Antoine. — Écoutez donc. Il y a trois jours, je passais rue de Beaune, portant des chaises qu'on m'avait données à raccommoder; deux chiens du voisinage, m'ayant senti, accoururent après moi, c'est leur usage; ce qui ne m'empêcha pas de voir, à l'entrée d'une allée, un pauvre petit Auvergnat étendu sur le pavé, et qui tremblait la fièvre. Il était à côté d'une laitière, qui servait ses pratiques et ne prenait pas garde à lui. Je m'approche; le malheureux enfant était dans un état alarmant. Je le charge sur mes épaules... On me crie : A l'hôpital! à l'hôpital! — Oh! bien oui, à l'hôpital! me fis-je : il y en a assez comme cela à l'hôpital; et je l'apportai ici, où vous le voyez, bien portant, à présent, Dieu merci, et travaillant.

Le propriétaire. — Vous êtes un brave homme.

Antoine. — L'enfant est comme moi, seul au monde, je vais lui apprendre mon état.

Le propriétaire (*ému*). — Et vous allez accomplir cette bonne œuvre, sans avoir réfléchi peut-être si elle ne sera pas au-dessus de vos forces?

Antoine. — De mes forces?... Point du tout! et Dieu qui nous voit, qui juge nos pensées, comme nos actions, m'aidera aussi un peu.

Le propriétaire. —Vous avez raison. Déjà il vous a entendu, et je viens...

Antoine. — Pour me donner congé? La portière me l'avait dit. J'en suis fâché, je m'étais accoutumé à votre maison qui est tranquille. Malgré ma nouvelle charge, je vous paierai bien encore; car on m'a promis de l'ouvrage pour mon apprenti. D'ailleurs, l'Être-Suprême n'est-il pas le père des orphelins?

Le propriétaire (*attendri*). —Oui, mon ami, et il ne sera pas dit qu'un homme comme vous, que j'estime, quittera ma maison. Vous y resterez; quant au loyer, ne vous en inquiétez pas désormais, je vous donnerai assez d'ouvrage pour l'acquitter.

Antoine. —Eh! bien, s'il en est ainsi, vous me ferez plaisir.

Le propriétaire et le locataire se quittèrent les meilleurs amis du monde. Le premier, était M. le comte de Lacépède, ce savant si distingué, ancien grand-chancelier de la Légion-d'Honneur, le continuateur de Buffon. Depuis ce jour, il venait quelquefois causer avec Antoine, et semblait de plus en plus satisfait de la conversation du rempailleur de chaises qui parvint à élever son protégé ; et M. de Lacépède, à sa considération, le plaça.

Le protecteur et le protégé, sont aujourd'hui dans un autre monde, après avoir, dans celui-ci, rempli honorablement leur tâche. Puissiez-vous, mes lecteurs, être aussi heureux qu'ils le furent !

MARTIN LE JOUEUR.

LE JEU DE BOULES.

L'une des terribles conséquences de la malédiction encourue par nos parents, c'est sans contredit cette humeur aventureuse, ce besoin de sensations qui tourmentent l'humanité et la poussent à se livrer au hasard corps et âme. On dit des conquérants qu'ils ont de l'ambition et de l'avidité. Eh! mon Dieu! la possession de la plus belle province n'est souvent qu'un prétexte! Ce que cherchent avant tous ces hommes que la peur qu'ils inspirent a fait nommer grands, ce sont moins les profits de la guerre que cette émotion du danger qui rend la victoire la plus délicieuse chose du monde. Quand une fois on a goûté ces transports d'un triomphe chèrement acheté, on veut les ressentir encore, on les poursuit toute sa vie, et à tout péril. Voilà pourquoi il y a non seulement des guerriers, mais encore des imprudents qui exposent une existence heureuse pour dompter un cheval fougueux, diriger une barque contre vent et marée, chasser les chamois dans les montagnes. Cela explique aussi comment d'autres hommes battent des entrechats et font des pirouettes; comment il y a des saltimbanques qui, pour deux sous, font le saut périlleux et le grand écart, au risque de se rompre les os, au lieu de faire une commission qui leur en rapporterait vingt. Voilà pourquoi, enfin, il y a des joueurs qui abandonnent journellement leur fortune et leur honneur à la merci d'une carte ou d'un dé.

Les conquérants sont rois, princes ou grands capitaines; on les compte dans l'histoire. Les écuyers, les chasseurs, les nautonniers ne se rencontrent guère que chez la jeunesse oisive et peu intelligente. La lie du peuple fournit ordinairement les danseurs et les saltimbanques. Mais les joueurs sont partout; on en trouve sur tous les échelons de l'échelle sociale. Celui dont nous écrivons l'histoire était maréchal-ferrant.

Depuis la conquête des Gaules par les Romains, la route de Saint-Denis a été une des grandes voies militaires de notre pays. En 1807, sous le règne de l'empereur Napoléon, de glorieuse et guerroyante mémoire, cette route était très-fréquentée, et cet état de guerre, déplorable pour le pays, achalandait la boutique de Pierre Martin, maréchal-ferrant au village de la Chapelle, près Paris. Pierre Martin était alors un vigoureux jeune homme de vingt-cinq ans environ. Fils aîné d'une veuve, il avait été, à ce titre, exempté de la conscription, qui, en ce temps, décimait, quand elle ne faisait pas plus, la jeunesse française. Depuis huit ans, Martin frappait courageusement sur l'enclume paternelle; il entendait parfaitement son métier et n'y faisait pas regretter son père, mort, non pas au champ d'honneur, mais au cabaret. Les cavaliers qui passaient par la Chapelle pour se rendre sur les bords du Rhin, les conducteurs de charrois, les canonniers le connaissaient aussi bien que les rouliers et postillons; tous s'arrêtaient chez lui, lui donnant la préférence sur un rival qui fut bientôt obligé de fermer boutique.

Martin jouissait simplement de sa prospérité; son esprit était exempt d'orgueil et son cœur de fiel. Bon camarade, alerte, adroit, courageux, il était toujours dans les fêtes le premier à la danse. Il montait aux mâts de cocagne, tuait les pauvres canards qu'un jeu inhumain fait tirer à coups de flèche et remportait les prix au tir à la cible; il se risqua même un jour dans une joûte sur l'eau où il fut proclamé vainqueur.

Madame Martin était fière des succès de son fils; cependant elle avait fort à cœur de le bien marier pour le retirer de ces dissipations un peu mondaines. En cette même année 1807, ses vœux devaient être exaucés. Pierre Martin épousa, le premier dimanche après Pâques, la nièce d'un entrepreneur de voitures publiques à la Chapelle, laquelle lui apportait en mariage quinze mille francs comptant et la pratique de son oncle: c'était une alliance superbe; la maison que le maréchal-ferrant tenait à loyer devint sa propriété; elle fut réparée de la cave au grenier pour recevoir la nouvelle épouse; la boutique agrandie compta une forge de plus, et six enclumes, battues pendant seize heures sur vingt-quatre, durent faire, aux oreilles de madame Pierre Martin, le plus délicieux concert.

Une fois marié, Martin quitta ses airs de coq de village, il prit une tournure plus grave, plus posée, il n'alla plus à la danse que pour faire danser sa femme; et peu de mois après son mariage, la jeune madame Martin ne dansant plus par raison de santé, son mari renonça entièrement à ce plaisir.

La fin tragique de son père avait inspiré au maréchal-ferrant une salutaire horreur du cabaret; il passait donc ses heures de loisir assis à côté de sa femme à la porte de son logis; on y respirait tout à l'aise la poussière continuellement soulevée par les coucous qui se rendaient à Saint-Denis et les voitures allant à Montmorency, Eaubonne, Enghien, Saint-Leu-Taverny et autres lieux, qui, de la puissance des premiers barons chrétiens, sont devenus le domaine des marchands, clercs d'avoués et grisettes de la capitale, qui ont pour intendants, sénéchaux, majordomes, les cabaretiers, aubergistes, traiteurs, qui exploitent cette pittoresque vallée. Le dimanche, Pierre et sa femme Geneviève allaient se promener dans la plaine; mais quand ils eurent suffisamment constaté que la récolte du sucre et du café parisiens serait assurée par une abondante moisson de betteraves et de chicorée, ces excursions perdirent beaucoup de leurs charmes.

Ils revinrent à la Chapelle; les jeunes garçons et les jeunes filles se livraient au plaisir de la danse; les hommes plus âgés préféraient le jeu de boules. Pierre et Geneviève s'arrêtèrent à regarder ces parties; le maréchal-ferrant y prit bientôt du goût; il jugeait les coups, pariait pour l'un ou pour l'autre des joueurs, applaudissait au succès de M. Flambin l'épicier, plaisantait M. Soleil, l'herboriste, et promettait la victoire à François, le charron, quand toutefois *Sans-Souci*, vétéran de l'armée de Sambre-et-Meuse, n'était pas de la partie; mais il ne jouait pas encore; chaque soir il rentrait chez lui, prêt à reprendre le lendemain le tablier et le marteau, sans regretter le moins du monde le jour du repos.

Lorsque Geneviève, devenue mère, ne se promena plus du tout, Pierre Martin alla tout seul au jeu de boules continuer son rôle de *jugeur*. A la fin, M. Flambin, impatienté de ses sarcasmes sur la manière dont il lançait le *cochonnet*, qu'on me pardonne, c'est le mot consacré, lui dit: Pierre, au lieu de railler comme vous faites, jouez à votre tour, et nous verrons comment vous vous en tirerez.

Le maréchal-ferrant prit la boule des mains de l'épicier et la lança droit au but. Il avait le coup-d'œil juste, le bras nerveux, il devint en peu de temps l'aigle du jeu de boules. Ce n'était encore là qu'un plaisir de vanité, comme ceux que lui avaient procurés le mât de cocagne, le tir et la danse. Les honnêtes habitants de la Chapelle jouaient petit jeu, et la perte, chaque dimanche,

La Cuisine ambulante.

se bornait à quelques bouteilles de bière que l'on buvait en commun, chacun vantant ses prouesses; l'épicier celles qu'il avait manqué de faire, le vétéran de Sambre-et-Meuse les victoires remportées avant l'arrivée de Pierre Martin : le maréchal-ferrant humait l'encens. Il avait trouvé une distraction conforme à ses goûts, mais il ignorait encore la passion du jeu.

Un jour que Pierre Martin était, selon sa coutume, dans sa boutique, le fourrier d'un régiment de lanciers lui amena son cheval à ferrer, ainsi qu'il arrivait tous les jours. En travaillant on jasa; ce sous-officier devait demeurer à la Chapelle avec le dépôt de son régiment; il s'informa comment on y passait le temps. Martin en détailla tous les agréments; le vin à six sous, la bière de Bruxelles à bon compte, la *cuisine ambulante* à deux sous le plat, la danse les dimanches et le jeu de boules. — Ah! je suis fo. à ce jeu-là, dit le fourrier en caressant sa moustache; et vous, camarade, vous y entendez-vous? — Un peu, répondit Martin d'un air narquois. — Voulez-vous faire une partie? Aussi bien je ne serais pas fâché de vous gagner la chaussure de mon cheval; ce sera notre premier enjeu; je ne prends l'argent d'un ami qu'à la dernière extrémité.

Martin n'avait jamais quitté l'ouvrage pour aller jouer; il refusa. — Une fois n'est pas coutume, dit le tentateur, et ce n'est pas le moment où la pratique abonde. Martin résiste encore avec courage. — Mais, dit le sous-officier, ne pouvons-nous pas nous procurer des boules, nous jouerions ici. C'était là un moyen de tout arranger; un apprenti dépêché vers Sans-Souci le vétéran, propriétaire du jeu de boules, revint triomphant suivi du vieux soldat portant les instruments de sa gloire éclipsée. — Quitte ou double les trente sous du fer du cheval, dit le fourrier en lançant la première boule. — Quitte ou double, répond Martin en jouant à son tour, et il gagne la partie fort lestement. — Quitte ou double encore, reprend le fourrier, se piquant au jeu. Martin accepte; mais cette fois le militaire se montre plus habile, et c'est le tour du maréchal-ferrant à ne pas vouloir abandonner la partie sans prendre sa revanche.

On double encore la partie, et l'alternative continue. Cependant à la dixième partie, Martin avait gagné soixante francs. Jusque-là on avait joué sur parole, sans montrer d'argent; le fourrier, voulant vaincre ou périr, tire de sa poche deux cents francs, appartenant à la masse du régiment, et dont il était comptable. — Je les joue en trois coups, dit-il d'un air déterminé. — Pierre Martin possédait la même somme ; elle était destinée à payer le lendemain ses ouvriers ; cet argent perdu par lui, il devait se trouver dans un grand embarras. Un artisan si laborieux qu'il soit ne roule pas sur l'or ; il hésite un moment. Les voisins, qui s'étaient peu à peu réunis dans la boutique pour être témoins de cette lutte, se partagent ; l'herboriste et le vétéran sont pour Martin, l'épicier et le charron parient contre ; il y aurait honte à reculer, du moins le maréchal se le figure. Ainsi, il va prendre dans la chambre de Geneviève le petit sac de cuir contenant les deux cents francs.

La jeune femme, inquiète, le suit, son enfant sur les bras. Quatre cents francs sur jeu, jamais on n'a rien vu de pareil à la Chapelle. La mère de Martin, avertie par l'apprenti, accourt ; elle voulait empêcher son fils de faire cette folie ; malheureusement elle arriva trop tard, le drame touchait à son dénoûment ; les joueurs étaient deux à deux ; il ne leur restait plus qu'un coup pour décider la fortune. Les habitués du jeu de boules, le col tendu, la bouche béante, gardaient le silence, comme s'ils eussent craint d'effaroucher le sort au moment où il allait se prononcer. Madame Martin, elle-même, partagea cette attente craintive et silencieuse.

Le sous-officier jette sa dernière boule. Elle approche si près du but qu'il semble avoir gagné ; cependant on peut faire mieux : Martin le tente. Le projectile qu'il lance va tomber en plein sur le *cochonnet*, et l'entraîne en roulant. C'était un coup superbe. Un long cri d'admiration proclame ce triomphe ; puis, ses amis, revenus de leur surprise, applaudissent avec transport.

— Ouf ! fait Pierre Martin en s'essuyant le front, je l'ai échappé belle ; ce m'est une fière leçon ; si jamais je joue si gros jeu, je veux que le loup me croque. Sois tranquille, Geneviève ! je ne serai pas joueur, ce qui veut dire que je ne ferai pas ton malheur.

Les deux femmes, que cette résolution comble de joie, sautent à son cou et l'embrassent.

LES MARCHANDS.

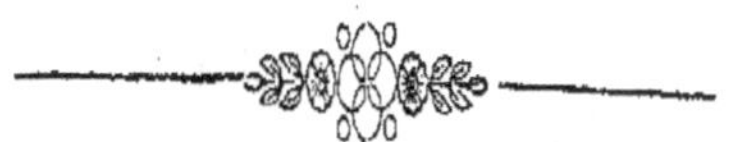

Il n'y a plus de marchands au temps où nous vivons, on ne *trafique* plus; fi donc! on négocie. Pourquoi le mot est-il proscrit? c'est que la chose est devenue plus commune. Les gens qui vendent de la viande, du sucre, de la dentelle, ne veulent plus qu'on les appelle marchands, depuis que les artistes, les gens de lettres se résignent à l'être, et je borne à ceux-là la liste *des vendeurs* qu'il faudrait chasser du temple; c'est faire preuve de modération.

Deux commerçants, puisque tel est le titre recherché de ces messieurs, deux commerçants suivaient au grand trot de leurs ignobles chevaux la route de Pontoise; l'un allait acheter des veaux, l'autre vendre des porcs.

Le marchand de veaux était maigre ; sa physionomie avait quelque chose d'impitoyable, on voyait que la *vieillesse et l'enfance*

En vain sur leur faiblesse appuyaient leur défense.

L'autre participait beaucoup de sa marchandise. La ruse, la cupidité qui habitaient dans son âme étaient recouvertes d'une couche de graisse si épaisse que rien ne paraissait à l'extérieur. A voir ces deux individus, leurs habits râpés, leurs chapeaux crasseux, leurs chaussures grotesques, et d'une mode anté-diluvienne, on les aurait crus entièrement étrangers au bel air de la Bourse de Paris. Il n'en était rien ; avant d'arriver au marché ils cherchaient à prévoir la hausse ou la baisse des denrées sur lesquelles reposaient leurs affaires commerciales. — Achetez-moi des veaux à cent dix, je vous prendrai des porcs à quatre-vingt-seize ; celui dont le prix ne se trouvera pas en rapport avec la mercuriale du marché paiera la différence. — Tope là, répondit le maigre, je veux bien jouer avec vous, compère, mais non pas dans vos prix, le veau sera en baisse, et je n'en donnerai pas plus de cent francs, tandis qu'au contraire j'estime le porc cent cinq. — Vous êtes dans l'erreur, mon petit, la Normandie envoie un bataillon d'*habillés de soie*, qui vont produire une baisse du diable. Quand j'ai dit quatre-vingt-seize, je parlais sans réfléchir. — C'est vous qui êtes mal instruit. On parlait ces jours-ci d'achats considérables faits pour la marine. — Justement; là où il y a des demandes la marchandise abonde. Écoutez, j'entends d'ici le grognement; il y a peu loin d'ici un troupeau considérable qui se rend à Pontoise; j'ai fait une gaucherie en envoyant mes bêtes; j'aurais mieux fait de ne vendre qu'au prochain marché.

Autant de mots, autant de mensonges; nos commerçants cherchaient à se tromper.

— Il croit à la hausse, puisqu'il prédit la baisse, se dit le marchand de veaux; mais s'il veut vraiment acheter à quatre-vingt-seize, il n'en restera pas là.

— Le vieux renard n'est pas sûr de son fait, mais il grille de jouer; laissons-le venir. Après cette réflexion, le marchand de porcs s'abandonna sur son cheval comme s'il dormait.

— Connue, la ruse, connue, il va bientôt s'éveiller. L'homme maigre se trompait; son compagnon semblait avoir oublié les affaires, il suait de l'or sur son cheval, les épaules battues en cadence par son énorme catogan, ne présentant plus qu'une masse, dont il était aussi difficile de deviner les réflexions, d'après la physionomie, que si c'eût été une huître.

L'autre, dont le sang courait plus vite, manqua de patience le premier. —Ah! ça, dites donc, compère, est-ce que nous allons entrer à Pontoise sans avoir conclu une petite affaire? Voulez-vous à *cent*? — Quoi! je ne sais plus! — Allons donc, réveillez-vous; ce sont des porcs que je vous propose. — Des porcs, ça me va. — En voulez-vous à cent? — Ma foi non!—Quatre-vingt-dix-huit? — Non. — Si je vous disais quatre-vingt-seize, finot? — Qu'est-ce qui vous a dit que j'avais commandé à Robin à quatre-vingt-seize; il ne les trouvera pas. — Il n'est pas question de Robin; c'est entre nous qu'est le marché. — Quel marché? — Le marché des porcs que vous m'avez offert en me disant: Achetez moi des veaux à cent dix; je vous prendrai des porcs à quatre-vingt-seize. — Je l'ai dit, moi! — Vous l'avez dit, et quoiqu'il n'y ait pas de témoins..... — Eh bien! c'est une bêtise; je dormais, je m'en dédis. — Allons donc, peureux, je vous en offre vingt-cinq; irez-vous contre vos paroles? —Eh! s'il le faut absolument, je perdrai bien quelques louis pour ne pas désobliger un ami.

Cette discussion se termina à la porte de Pontoise par la conclusion du marché, non pas sur une petite échelle, comme l'avait d'abord proposé l'homme maigre, mais de façon à faire perdre ou gagner des sommes assez considérables.

Arrivé sur la place du marché, la marchandise était vraiment en hausse, le gros homme avait joué son camarade, dont la mine était cependant bien plus rusée.

LE DANSEUR BÉDOUIN.

Jean venait de débarquer à Alger, c'était un vrai conscrit à la taille ramassée, au pantalon garance, au shako branlant sur la tête ; en attendant la gloire et les lauriers, Jean se promenait dans Alger, regardant sans comprendre, mais n'interrogeant personne pour n'avoir pas l'air d'un *provincial*, lui qui était né natif de Mont-Rouge, village à une lieue sud de Paris.

Jean, quasi Parisien, trouvait les divertissements rares en Algérie ; déjà il avait répété plusieurs fois le calembour consacré, *j'ai de l'Afrique assez*, lorsqu'un jour il fut attiré avec ses camarades par les sons joyeux du tambour de basque des Bédouins qui dansaient dans un carrefour. Les Maures les regardaient avec une imperturbable gravité ; les soldats français, au contraire, riaient,

LA DANSE DU BÉDOUIN.

applaudissaient bruyamment aux sauts bizarres et aux tours de force des danseurs.

Notre Jean, qui s'était glissé au premier rang, regardait de tous ses yeux; ce n'était pas la supériorité de la danse qui le charmait, les *acrobates* de madame Saqui en faisaient bien d'autres, et pas un Bédouin n'est bâti pour surpasser le célèbre Debureau; mais Jean ne pouvait se rassasier de la contemplation de ces figures. L'un des Bédouins surtout avait une physionomie d'une expression frappante, de grands yeux, une bouche énorme dont le rire sardonique avait quelque chose de menaçant. *Quelle boule!* disait Jean, celui-là est reconnaissable.

Deux jours après ce spectacle la générale bat dans les rues d'Alger, les Français courent à leurs armes; le 58ᵉ d'infanterie légère, son colonel en tête et Jean dans sa quatrième compagnie du centre, sortirent de la ville pour aller au-devant des Bédouins qui incendiaient les récoltes dans la plaine.

L'affaire fut chaude. Malgré l'infériorité du nombre, la victoire demeura aux Français, et les Arabes s'enfuirent, laissant sur le terrain plusieurs centaines d'hommes tués ou blessés. Les compagnies du centre furent chargées de visiter le champ de bataille. Jean accomplissait ce devoir, qui ne lui convenait pas du tout; la vue chargée de ces larges blessures par lesquelles la vie s'était échappée troublait singulièrement son courage. Lui qui n'avait jamais aimé les morts s'en trouvait entouré, et de bien laids encore. « Ces *yeux d'Arabes* « semblent le faire exprès : sont-ils vilains les païens ! Voilà un des nôtres qui « a la tête coupée ! *Parcha*, ce Bédouin qui a le ventre ouvert. — Ah ça ! « dites donc, messieurs les blessés, si vous aviez la complaisance de crier pour « que l'on vous reconnaisse. Croyez-vous que ce soit amusant d'aller vous regar- « der comme cela dans le blanc des yeux? » — Alors les vivants contèrent leur affaire, les morts seuls ne dirent rien : c'est convenu.

En cet instant un gémissement parti derrière lui fit retourner Jean : un Arabe blessé à la jambe se plaignait. — Attendez, citoyen, on va venir vous pren- dre. Vous avez reçu là la faveur d'un fameux billet d'hôpital. Tiens, je ne me trompe pas, c'est notre danseur de l'autre jour. Ah! le pauvre garçon comme le voilà arrangé, c'est pitié. Il n'y avait pas de risque que j'oublie *sa boule*, elle était trop particulière. Si je le prenais, nous l'apprivoiserions, et il nous apprendrait à danser. Tiens, ce ne serait déjà pas si bête; j'ai soigné comme ça un corbeau, qui après me suivait partout comme un petit chien.

Jean, tout entier à sa bonne action, charge le Bédouin sur ses épaules et le porte lui-même à l'ambulance. Dans le trajet, il vint faire plusieurs visites à la charrette, apportant à son malade, tantôt un peu d'eau-de-vie pour lui donner du courage, tantôt des oranges qui rafraîchissaient ses lèvres desséchées; le pauvre Bédouin, ranimé par ces soins, saisit l'occasion d'une halte pour mettre encore plus à l'épreuve la bonne volonté du conscrit. — Ami, lui dit-il en bon français, aide-moi à me sauver. — Impossible, mon brave *accropate*, tu ne peux pas te traîner, et je ne saurais te porter jusqu'au désert comme une lettre à la petite poste, vu les difficultés, sans compter les bagatelles de la désertion. — Nous sommes seuls, ami, je vais siffler mon cheval; si le bon animal existe encore, il viendra à ma voix : jette-moi alors sur son dos comme un sac de blé, et ne t'inquiète pas du reste. — Tiens, la farce! je veux bien essayer pour la rareté du fait.

L'Arabe siffle. Le hennissement d'un cheval répond à son appel: — Voilà Zourka, je suis sauvé. — Un superbe cheval noir se présente; il semblait inquiet; mais, à la voix de son maître, il approche plus hardiment. Jean, fidèle à sa promesse, place le Bédouin en travers sur sa monture. Le cheval hennit de plaisir; et bondissant avec grâce, il part comme une flèche. Les sentinelles crient en vain qui vive! personne ne répond, et les coups de fusil se perdent dans l'espace.

Tiens, c'est gentil! se dit Jean à lui-même, en regardant ce bel animal qui obéissait à son maître sans le secours du mors et de la bride. — Trois mois plus tard, Jean se trouva à une nouvelle affaire; cette fois la chance ne lui fut pas favorable; il resta sur la place grièvement blessé. Ses camarades le crurent mort, d'autant plus que les Arabes, ayant été un moment maîtres du champ de bataille, avaient fait une horrible déconfiture de nos pauvres soldats.

LA VOLTIGE.

LA VOLTIGE.

Le 58ᵉ d'infanterie légère, revenu en France sans notre ami Jean, tenait, en 1839, garnison à Toulon. L'annonce d'un nouveau spectacle mettait toute la ville et surtout la garnison en émoi ; il s'agissait d'exercices de voltige, que devaient exécuter sur leurs chevaux de véritables Bédouins.

Dès quatre heures de l'après-midi, les soldats du 58ᵉ assiégeaient les portes de la seconde galerie du cirque ; les Bédouins, par une galanterie peu commune, avaient envoyé trente billets aux compagnies du centre.

Ce fut pendant deux heures un effroyable tumulte dans la salle, un continuel cliquetis de défis aux marins, de compliments *aux dames*, de quolibets, de jurons. La police fut obligée d'intervenir à trois fois pour rétablir l'ordre, et plusieurs cartels furent échangés entre les soldats du 58e et des matelots français et étrangers; mais dès que les fanfares annoncèrent la présence des Bédouins, tous ces hommes, si turbulents un instant auparavant, devinrent calmes; on n'entendit plus que le bruit des conversations qui se continuaient à mi-voix aux premières places où l'on n'était pas si attentif.

Les enfants du désert excellent dans ces exercices auxquels se prête admirablement l'instinct de leurs chevaux, qui couraient nus, sans selles ni brides. Le public toulonnais était dans une admiration vraiment frénétique. Aux places inférieures, les soldats du 58e se montraient reconnaissants de l'attention des saltimbanques arabes. Jamais entrepreneur de succès ne rassembla sous sa bannière de plus intrépides claqueurs; ce n'était pas assez pour eux d'applaudir des mains, ils s'aidaient des pieds et de la voix. Certain loustic excitait surtout leur enthousiasme par ses lazzis, sa souplesse et son agilité. Dès qu'on le voyait paraître, c'étaient des trépignements, des transports qui redoublèrent lorsque le jongleur, après avoir fait le tour du cirque au grand galop, se tenant sur son cheval la tête en bas, les jambes en l'air, se retourna par un saut périlleux, de façon à retomber en selle, mais les jambes troussées de telle sorte que ses pieds figuraient des oreilles d'âne de chaque côté de son bonnet.

— Dis donc, le Breton, est-ce que la figure de ce satané *paillasse* ne te représente pas celle de Jean, qu'on appelait le jésuite, à cause du village de Mont-Rouge où il était né, laissant la couleur de côté? — Voilà une heure que j'y réfléchis, me disant: Est-ce l'âme de Jean qui a passé dans le corps du Bédouin, ou bien celle d'un Bédouin, qui, se trouvant délogée, a pris le corps du pauvre Jean? Ce qu'il y a de certain, c'est qu'il est revenu de l'autre monde avec un passeport de Satan; les tours qu'il fait ne sont pas naturels. — Est-il nigaud ce Breton avec ses contes de bonne femme? — Doucement, l'enfant, interrompit d'un ton rébarbatif un vieux sergent surnommé *la Colombe*, point d'épigrammes à ce sujet, chacun est libre de sa religion, ceux qui en ont comme ceux qui n'en ont pas; ça est dans la charte et dans la nature. Quant à ce Bédouin prodigieux, je serais tenté de le confondre avec celui de notre défunt camarade, vu surtout la circonstance atténuante des billets, si ce n'était trois choses que je ne puis m'expliquer; d'abord, comment il est devenu si habile. Silence! je sais aussi bien que vous ce que peut l'éducation. J'ai commencé par ma raison la plus faible, selon les principes de l'éloquence, puis là je reviens à mon sujet, et le premier qui tentera de m'interrompre ira la tête la première dans le parterre voir si j'y suis. Je disais donc que trois choses m'interloquaient : premièrement le talent ; secondement le phénomène de la couleur, troisièmement comment Jean était parvenu à passer Bédouin, puisque ces peuples sauvages et peu civilisés ont conservé l'habitude des anciens *humides*, leurs ancêtres, de couper la tête aux soldats avant de les faire prisonniers.

La discussion commencée au cirque entre les deux soldats et le sergent la Colombe continuait le lendemain matin au cabaret, lorsque l'on vit paraître Jean en chair et en os, parfaitement reconnaissable, sauf le phénomène de la couleur qui, s'obtenant par une teinture corrosive, ne disparaissait pas complètement à volonté.

Jean raconta à ses camarades comment le Bédouin, dont il avait favorisé la fuite, lui avait, à son tour, sauvé la vie. Une fois rétabli, le conscrit avait voulu profiter de l'occasion pour prendre des leçons d'équitation. — Mon génie s'était éveillé, dit-il, en voyant partir ce beau cheval qui emportait son maître dans le désert ; mes progrès furent si rapides, que je ne me bornai pas à me tenir tout bêtement sur le dos de l'animal ; vous avez vu ce que je sais faire en voltige ; ce léger talent me valut de la considération dans la tribu. Il y avait plusieurs écuyers et jongleurs soignés ; j'en formai une troupe, et je les amenai en France sous l'appât du bénéfice. Ayant trouvé ici le 58ᵉ de glorieuse mémoire, j'ai voulu amuser, embrasser, régaler d'anciens camarades, puisque je suis en fonds de talents et d'argent ; cela va-t-il pour un déjeûner avec ma troupe ? — Touche là, Jean. Il n'y a d'ennemis que sur le champ de bataille. Tu es notre Amphitryon pour aujourd'hui. — Bon, mais motus à cause des avantages de la désertion dont je ne suis pas friand. — Un moment, reprit le sergent la Colombe, tu jures sur l'honneur de ne jamais porter les armes contre ton pays ?—Pas si bête ! J'ai signé la paix à perpétuité, et en quittant Toulon, nous allons en Russie. — A table, à table ! crièrent en chœur les soldats en se précipitant avec les Arabes dans la salle, où, par les ordres de Jean, un splendide banquet était préparé.

L'ÉCUYER MALHEUREUX.

On croit généralement que la galanterie chevaleresque n'existe plus ; des chevaliers qui, pour le service de leurs dames, garderaient le silence pendant des années ; iraient à la conquête de royaumes inconnus ; se raseraient la tête d'un seul côté ; attaqueraient sur la grande route tous les chevaliers qui passeraient à leur droite et autres preuves d'amour exorbitantes, c'est une erreur ; les infortunes d'Athenagilde Maurisset, commis marchand à Paris, en font foi.

Athenagilde aimait, sans être payé de retour, une nouvelle Alcimadure ; c'était la fille de ses patrons, honnêtes marchands merciers de la rue Saint-Denis à Paris. Un jour, Marie Nivelle dit avec insouciance en voyant passer un cavalier : — C'est joli, un homme qui monte à cheval. — Demain je monte à cheval, et la France compte un écuyer de plus. — Vous, monsieur Athena-

gilde? — Moi, mademoiselle; croyez-vous donc qu'il y ait quelque chose d'impossible à qui veut mériter votre approbation? — Le lendemain, au point du jour, Athenagilde était au manége. Si le cœur de Marie était dur, la selle du manége l'était encore plus; elle brisa les reins de l'écuyer novice; mais l'impitoyable jeune fille, au lieu d'être touchée, se mit à rire comme une folle des contorsions du pauvre commis, marchant en deux, s'asseyant avec une extrême difficulté pour se relever en faisant une grimace effroyable.

Athenagilde ne se découragea pas : une promenade était annoncée trois semaines d'avance; toute la famille Nivelle devait aller dîner à Maisons-Laffitte, près Paris. Il pensait à escorter l'omnibus à cheval, rêvant à l'impression qu'en recevrait Marie. — Pourrais-je monter à cheval avec grâce dans trois semaines? demanda-t-il au maître du manége. — Mais il n'y a pas impossibilité, en vous rompant un peu. — Il me semble que je ne commence pas mal.

En effet, en outre de la fatigue, il avait les chutes qui étaient fréquentes; son cheval ne le traitait pas mieux que sa maîtresse, et si son cœur était percé de flèches, son corps comptait encore un plus grand nombre d'échymoses fort douloureuses. Enfin, le jour de la fête approche. Athenagilde emploie ses économies de trois ans tant à se faire ajuster un costume de cheval dans le dernier goût qu'à la location d'un coursier. Ce dimanche si ardemment désiré par Marie, qui désirait si difficilement quoi que ce soit au monde, s'annonça radieux. Marie, éveillée par les premiers rayons du jour, chantait comme l'alouette en apprêtant sa toilette : une robe blanche, un chapeau de paille dont elle avait ajusté les rubans écossais, un canezou brodé, œuvre de ses veilles patientes de l'hiver et une ceinture flottante en ruban pareil à celui de son chapeau. Dans cette parure, elle faisait à la fois honneur à sa famille, à l'amour du tendre commis et à la boutique de son père, d'où sortaient ses plus brillants atours. Athenagilde fut ébloui en la voyant. Il n'aurait jamais cru qu'elle pût embellir encore !

Un fiacre avancé à la porte devait conduire le mercier et la famille au bureau des voitures, rue de Rivoli. Athenagilde la laisse partir et court au manége prendre son cheval. On l'avait oublié. — Quel cheval a retenu Monsieur ? — Mais celui que je monte habituellement. — Impossible, ma femme l'a loué en mon absence à un Anglais ; j'en ai été très-contrarié, je vous jure ; mais voici une charmante jument pur-sang, une bête fine, qui fait valoir son cavalier. J'en ai refusé cent louis d'un milord anglais. Lord Seymour m'en a fait compliment aux dernières courses; il m'a dit: Si j'avais eu cette bête-là à mettre entre les jambes de Robinson, *miss Annette* ne serait pas ce qu'elle est. Fifine, point de coquetterie; mademoiselle, soyez bonne fille; on sait bien que vous êtes belle. Ah! vous voulez du sucre, n'est-ce pas? C'est un agneau; elle n'a jamais reçu un coup de cravache; par la douceur, toujours la douceur.

Pendant ce bavardage de maquignon, qui avait pour but de faire prendre le change à Athenagilde sur la rosse quinteuse qu'on lui donnait, le pauvre commis grillait du désir d'être dans la rue de Rivoli, caracolant sur un cheval de course envié par lord Seymour, dont la renommée est répandue à Paris jusque dans les boutiques de merciers.

La toilette de Fifine terminée, Athenagilde saute en selle presque sans aide; l'espoir fait faire de grands progrès au novice; il s'affermit sur ses étriers, prend sa cravache des mains du marchand de chevaux, qui échange avec ses garçons des regards d'admiration. Pour la première fois son cœur se gonflait d'une joie orgueilleuse. Il sort du manége; les voisins sont aux fenêtres pour le voir passer. S'il ne prenait que son plaisir pour guide, il suivrait les boulevards, mais Marie l'attend rue de Rivoli; c'est par la rue Saint-Honoré qu'il faut la joindre plus promptement. Il ne tarda pas à se repentir de ce parti, plus sage en apparence. Sa jument avait peur de l'eau. Tant qu'ils cotoyèrent le ruisseau de la rue Saint-Denis, elle fit des écarts et des bonds pour s'éloigner de son ennemie, se mettant en travers sur le pavé qu'elle occupait en entier, frôlant, tantôt de sa tête, tantôt de sa queue, les personnes qui étaient sur les trottoirs, ce qui valut de désagréables épithètes à son cavalier, incapable de dompter ses caprices. Mais quand il fallut franchir le fatal ruisseau, elle apporta la plus opiniâtre résistance: il s'agissait, pour Athenagilde, de vaincre ou de n'être point vu par Marie. Puisant dans cette alternative une énergie désespérée, il fait sentir l'éperon à Fifine en même temps qu'un charretier, dont elle barrait le chemin, lui sanglait un coup de fouet; la bête quinteuse cède, mais elle se venge de sa défaite en couvrant de bouc le beau pantalon bleu d'Athenagilde.

L'omnibus avait quitté depuis longtemps la rue de Rivoli; le commis lance sa jument sur la route des Champs-Élysées; il veut lui faire prendre le galop. Ce n'était pas l'avis de Fifine; elle affectionnait le trot, allure que notre écuyer avait en horreur. Nouvelle discussion qui le met tout en nage; enfin, toujours disputant, la jument et le cavalier traversent Courbevoie. Au-delà, sur la route, chemine le bienheureux omnibus; Athenagilde presse les flancs de Fifine avec une telle ardeur, qu'elle galope enfin; mais elle est lancée, et dépasse la voiture, sans que son cavalier puisse l'arrêter. Un éclat de rire trop bien connu, et le bruit d'une glace qu'on relève précipitamment, brisent le cœur de l'infortuné. Un autre se fût abandonné à son cheval, courant devant lui sans se retourner; lui cherchait toujours Marie, semblable à ces pauvres moucherons qu'attire la flamme qui doit les consumer. Fifine ne se refusait point le repos à elle-même; après ce temps de galop intempestif, elle reprit le pas et l'omnibus la rejoignit. Athenagilde essuyait son front baigné de sueur.—Comme vous voilà fait! lui dit Marie de cette voix aiguë dont les accents étaient pour lui un bonheur et une torture, comme vous voilà fait! — Quel salaire de tant de dépense et de peine! — Ce mot cruel aurait mérité punition; l'insensible Alcimadure n'était pas aussi coupable lorsque la statue de Cupidon, irrité de ses dédains, tomba sur elle.

Madame Nivelle, meilleure que sa fille, complimenta Athenagilde sur son bon air et sa belle tenue; ce fut du baume sur ses blessures. Marie ne disait rien, la retenue sied bien aux jeunes filles; mais elle écoutait en souriant, et sa main cherchait la main de son amie pour déposer dans une pression le secret que ses lèvres ne pouvaient révéler.

Si l'amant malheureux fût resté sur l'impression de ce moment, cette journée eût été marquée par lui au nombre des heureuses; mais le ciel et Fifine en avaient ordonné autrement. L'ombrageuse jument reprend ses mauvaises allures en traversant le pont de Bezons. Athenagilde se cramponne sur son dos pendant qu'elle effraie les voyageurs de l'omnibus par ses sauts et ses courbettes; mais bientôt ses genoux meurtris s'écartent d'eux-mêmes, les éperons caressent les flancs de Fifine: décidément elle va se défaire du fardeau importun qui pèse sur ses épaules. Au lieu de suivre la route à la sortie du pont, elle prend sa course désordonnée à travers le village. Les enfants fuient, les chiens aboient, les volailles s'aident de leurs ailes pour se sauver plus vite; elles augmentent le tumulte par leurs cris de détresse; les habitants de Bezons se mettent sur leurs portes ou à leurs fenêtres pour voir passer l'écuyer malheureux auquel ils prédisent malheur. Cependant, il ne lâche pas prise, son effroi même lui donne la force de garder les étriers. Tout-à-coup apparaît une mare sur laquelle barbotaient de paisibles canards. A la vue de cet objet d'horreur,

Fifine se cabre; puis, retombant sur ses pieds de devant, elle fait un bond terrible en ruant des pieds de derrière. Pour cette fois, Athenagilde est désarçonné, il va donner la tête la première dans l'eau bourbeuse, et la jument s'enfuit à travers la campagne.

Les paysans accourent; ils relèvent l'infortuné; la moitié de sa personne seulement avait laissé son empreinte sur la boue qui tapissait le fond de la mare, et si ce n'eût été l'habitude que l'on a de coucher sur le dos plutôt que sur la face et une pierre que son nez rencontra, il eût trouvé le lit douillet. On le conduit chez le barbier, lequel, arrivant avec une éponge et un seau rempli d'eau, entreprend de faire disparaître la boue infecte qui le couvre de la tête aux pieds.

Un regret plus poignant que celui de sa toilette, une inquiétude que rien ne pouvait égaler, tourmentaient Athenagilde: qu'était devenue Fifine? la perte d'un cheval de cent louis le ruinait à jamais. On se met à la recherche de la jument; on la trouve en fourrière; le garde champêtre l'avait arrêtée dans un champ de blé: en même temps, M. Nivelle, qui avait quitté l'omnibus pour se mettre en quête de son commis, arrivait chez le barbier.

— Eh bien! le mal n'est pas si grand que je le craignais; je vois cela avec plaisir; mais en voilà assez pour aujourd'hui; une voiture de retour te ramènera à Paris, tandis que le garde champêtre reconduira la jument en laisse. Ah çà, mon garçon, renonce à l'équitation; franchement, cela ne te va pas du tout. Adieu, ne bouge pas, je ferai tes excuses à ces dames.

— Un profond soupir souleva la poitrine d'Athenagilde en regardant son patron s'éloigner; mais son nez, outrageusement enflé, et sa toilette lavée, ne lui permettaient pas de se présenter devant Marie.

Trois jours après cette aventure, comme le pauvre commis descendait pour la première fois au magasin, l'insensible, au lieu de lui témoigner aucun intérêt, se mit à vanter l'agrément de la société des hommes qui ont voyagé; à ceux-là du moins on sait que dire. — Oui, je voyagerai aussi, ingrate, se dit Athenagilde; j'irai, j'irai jusqu'à Saint-Étienne, où M. Nivelle a des comptes à régler. — Il partit en effet, et dans la diligence, l'espoir lui revenait au cœur. Il rêvait un bon accueil au retour, quand une lettre de son patron lui annonça qu'en son absence on avait arrêté le mariage de Marie. Ce dernier coup décida de la vocation du malheureux Athenagilde. Il devint commis voyageur, puisqu'il ne pouvait pas se faire moine.

M. MIOPE.

M. Miope, riche notaire de la capitale, était un des esclaves les plus soumis à la mode, cette divinité des femmes, et pourtant M. Miope avait vu s'écouler dix lustres et demi; son corps petit et grêle tenait presque autant de la forme du singe que de celle de l'homme, et sa figure même participait beaucoup des deux espèces. A tous ces avantages physiques, il joignait encore un esprit très-borné et une galanterie extraordinaire; ... aussi amoureux du beau sexe qu'assuré de son propre mérite, c'était, comme il le répétait sans cesse, à des sylphides enchanteresses qu'il avait consacré sa vie. Aussi, depuis ses jeunes ans, tour à tour mirliflor, merveilleux, incroyable, il devint plus tard fashionable, dandy, et ne dédaigna pas même le titre de *lion*, quand sa crinière panachée aurait dû l'avertir de la marche du temps. Mais, par malheur, l'élégant avait la vue très-basse, et il ne s'aperçut pas plus des légères et nombreuses dégradations de sa personne, qu'il n'avait soupçonné le ridicule qui le frappait.

Il avait fait un lieu de délices de sa maison de campagne : le luxe le plus somptueux y était déployé, et son imagination tant soit peu romanesque avait rendu certain bosquet de chèvrefeuilles et de roses, l'objet spécial de ses soins assidus. Dans un de ses rêves poétiques, il s'était figuré devoir rencontrer sa jeune future sous les frais ombrages de ce lieu enchanteur ; aussi, au milieu des touffes variées et des arbustes odoriférants, il avait fait élever une colonne surmontée d'un amour prêt à lancer ses traits ; et, tous les jours, au retour d'une promenade à cheval, exercice obligé d'un *lion*, et souvent ordonné comme hygiène à un gouteux, le charmant cavalier, les éperons aux bottes, la cravache à la main, accourait dans ce bosquet mystérieux, surprendre la beauté qui devait posséder son cœur.

Malheureusement depuis près de deux mois qu'il habitait la campagne, M. Miope avait été trompé dans son attente : le bosquet était solitaire, et, contrarié, le petit homme venait rejoindre la compagnie qui se tenait groupée au salon.

Enfin un matin, comme tous les matins, depuis qu'il veut devoir sa compagne au hasard, notre notaire accourt en fredonnant un air, car il cherche, mais il veut avoir l'air surpris. O bonheur! une femme est là, sans doute brillante de jeunesse et de fraîcheur; elle lisait, mais troublée par les pas bruyants et les chants du ci-devant jeune homme, elle se lève, et lui, feignant d'être confus d'avoir interrompu cette belle dame, recule avec respect, et s'inclinant de manière à laisser pendre ses deux longs bras jusqu'à terre, il relève la tête vers la jeune beauté en s'écriant : Oh! madame! pardon. — Un homme aimable n'est jamais importun, monsieur, reprend la dame avec un gracieux sourire. — Bref, les compliments s'échangèrent; la dame était aimable, il ne pouvait douter qu'elle fût jolie, puisque le sort la lui destinait : mais, pour le moment, sa vue basse et l'ombrage formaient un double obstacle à sa conviction; cependant, assuré de sa bonne étoile, il n'hésita pas à dévoiler à la belle liseuse le vœu qu'il avait fait; il la pressa avec la grâce dont il était doué de ne pas briser son espoir. Que vous dirai-je, mes lecteurs? la dame sourit encore, mais ses yeux se baissèrent, sa voix devint plus douce, et enfin elle se laisse prendre la main et conduire au salon, où M. Miope, la tête haute, le regard fier, présenta pour sa future compagne, si la famille toutefois daignait y consentir, une dame de quarante-huit à cinquante ans, au nez long, au menton pointu, et mère de deux jeunes demoiselles qui s'empressèrent de combler les désirs du notaire en donnant leur consentement. Qu'on juge de l'effroi du galant en reconnaissant sa funeste erreur, qu'on juge de son courroux en entendant les rires qui éclataient de toutes parts, car notre dame était femme d'esprit et elle avait donné l'exemple.

La société et particulièrement les dames qui étaient arrivées chez notre Céladon pendant sa promenade se rirent un peu de ses prétentions; tout fut bientôt dit, et M, Miope fit serment d'attraper toutes les femmes en ne se mariant jamais.

FIN.